AF184975

Die Hoffnung bleibt
Kraftvolle Gedanken von Dietrich Bonhoeffer

Der Verlag hat sich bemüht, die Inhaber aller Rechte ausfindig zu machen. Sollte dem Verlag gegenüber dennoch der Nachweis der Rechtsinhaberschaft geführt werden, wird diese selbstverständlich in branchenüblicher Weise abgegolten.

Die Bonhoeffer-Zitate entstammen folgenden Werken:

S. 5f. Gemeinsames Leben/Das Gebetbuch der Bibel, Dietrich Bonhoeffer Werke (DBW) 5, 84; S. 7 Nachfolge (1937), DBW 4 (N), 29; S. 8f. Widerstand und Ergebung, DBW 8, 31; S.10f. Ethik, DBW 6, 67; S.12f. Widerstand und Ergebung, DBW 8, 28; S.14f. Barcelona, Berlin, Amerika 1928–1931, DBW 10, 514; S. 16f. London 1933–1935, DBW 13, 359f.; S. 18f. Barcelona, Berlin, Amerika 1928–1931, DBW 10, 529; 20f. Widerstand und Ergebung, DBW 8, 24f.; S. 22f. Widerstand und Ergebung, DBW 8, 36; S. 24f. Barcelona, Berlin, Amerika 1928–1931, DBW Band 10, Seite 529; S. 26f. London 1933–1935, DBW 13, 375f.; S. 28f. Gemeinsames Leben/Das Gebetbuch der Bibel, DBW 5, 85f.; S.30f. Ethik, DBW 6, 70f.; S.32f. Ethik, DBW 6, 70; S. 34f. Ökumene, Universität, Pfarramt 1931–1932, DBW 11, 424; S. 36f. Illegale Theologenausbildung: Sammelvikariate 1937–1940, DBW 15, 502; S. 38f. Berlin 1932–1933, DBW 12, 440f.; S. 40f. Barcelona, Berlin, Amerika 1928–1931, DBW 10, 544; S. 42f. Widerstand und Ergebung, DBW 8, 30f.; S. 44f. London 1933–1935, DBW 13, 393f.; S. 48 London 1933–1935, DBW 13, 401f.

© 2025 adeo Verlag
in der SCM Verlagsgruppe GmbH
Berliner Ring 62, 35576 Wetzlar

1. Auflage 2025
Best.-Nr: 835400
ISBN 978-3-86334-400-9

Cover- und Innengestaltung: Andreas Sonnhüter · www.grafikbuero-sonnhueter.de
Druck und Verarbeitung: Dimograf
Printed in Poland

www.adeo-verlag.de

Bildnachweise shutterstock:
TatyanaKa (Umschlag, S. 10), Elena Pimukova (S. 4), Albert Stephen Julius (S. 7), Leremy (S. 8), Master1305 (S. 12, 41), YummyBuum (S. 14), Zhitkov Boris (S. 17), anna42f (S. 18), wing lai (S. 21), jesadaphorn (S. 23), Maderla (S. 24), Robert Kneschke (S. 27), Beststock Productions (S. 28), Kseniia Fast (S. 30), Net Vector (S. 32), Ihnatovich Maryia (S. 34), moondes (S. 37), Nganhaycuoi (S. 38), Shtefan Yelizaveta (S. 42), Sundry Studio (S. 45), Vladi108 (S. 46), R1A1Igor (S. 48)

DIE HOFFNUNG BLEIBT

Kraftvolle
Gedanken von
Dietrich Bonhoeffer

Wir müssen bereit sein, uns von Gott

unterbrechen zu lassen.

Billige Gnade heißt Gnade als Schleuderware, ... als unerschöpfliche Vorratskammer der Kirche, aus der mit leichtfertigen Händen bedenkenlos und grenzenlos ausgeschüttet wird, Gnade ohne Preis, ohne Kosten. Doch es sei ja gerade das Wesen der Gnade, dass die Rechnung im Voraus für alle Zeit beglichen ist. Auf die gezahlte Rechnung hin ist alles umsonst zu haben.

VIELEN DANK FÜR IHREN EINKAUF!

Ich glaube, dass auch unsere

Fehler und Irrtümer nicht

vergeblich sind und dass

es Gott nicht schwerer ist,

mit ihnen fertig zu werden,

als mit unseren vermeintlichen Guttaten.

KLUG IST,
WER DIE WIRKLICHKEIT SIEHT,
WIE SIE IST,
WER AUF DEN GRUND
DER DINGE SIEHT.

KLUG IST ALLEIN,
WER DIE WIRKLICHKEIT
IN GOTT SIEHT.

Wir müssen lernen,
die Menschen weniger
auf das, was sie tun
und unterlassen,
als auf das,
was sie erleiden,
anzusehen.

Es gibt in der
ganzen Weltgeschichte
immer nur eine wirklich
bedeutsame Stunde

die Gegenwart.

Die Geheimnislosigkeit
unseres modernen Lebens
ist unser Verfall
und unsere Armut.

Auf die größten, tiefsten, zartesten Dinge in der Welt müssen wir warten, da gehts nicht im Sturm, sondern nach den göttlichen Gesetzen des Keimens und Wachsens und Werdens.

Die letzte verantwortliche Frage ist nicht,
wie ich mich heroisch aus der Affäre ziehe,
sondern wie eine kommende Generation
weiter leben soll.

Nur aus dieser geschichtlich
verantwortlichen Frage können
fruchtbare — wenn auch vorübergehend
sehr demütigende — Lösungen entstehen.

Optimismus ist in seinem Wesen

keine Ansicht über die gegenwärtige Situation,

sondern er ist eine Lebenskraft,

eine Kraft der Hoffnung,

wo andere resignierten,

eine Kraft, den Kopf hochzuhalten,

wenn alles fehlzuschlagen scheint,

eine Kraft, Rückschläge zu ertragen, eine Kraft,

die die Zukunft niemals dem Gegner lässt,

sondern sie für sich in Anspruch nimmt.

Wer nicht die

herbe Seligkeit des Wartens,

das heißt des

Entbehrens in Hoffnung, kennt,

der wird nie den ganzen

Segen der Erfüllung erfahren.

ES GIBT ZWEI MÖGLICHKEITEN, EINEM MENSCHEN,
DER VON EINER LAST GEDRÜCKT WIRD, ZU HELFEN.

ENTWEDER MAN NIMMT IHM DIE GANZE LAST AB,
SODASS ER KÜNFTIG NICHTS MEHR ZU TRAGEN HAT.

ODER MAN HILFT IHM TRAGEN,
INDEM MAN IHM DIES TRAGEN LEICHTER MACHT.
JESUS WILL NICHT DEN ERSTEN WEG MIT UNS GEHEN.

Zur Freiheit des Andern gehört all das, was wir
unter Wesen, Eigenart, Veranlagung verstehen,
gehören auch die Schwächen und Wunderlichkeiten,
die unsere Geduld so hart beanspruchen, gehört
alles, was die Fülle der Reibungen, Gegensätze
und Zusammenstöße zwischen mir und dem Andern
hervorbringt. Die Last des Andern tragen heißt,
die geschöpfliche Wirklichkeit des Andern ertragen,
sie bejahen und in ihrem Erleiden zur Freude
an ihr durchdringen.

Besonders schwer wird das, wo Starke und Schwache
im Glauben in einer Gemeinschaft verbunden sind.
Der Schwache richte nicht den Starken, der Starke
verachte nicht den Schwachen. Der Schwache hüte
sich vor Hochmut, der Starke vor Gleichgültigkeit.
Keiner suche sein eigenes Recht, fällt der Starke,
so bewahre der Schwache sein Herz vor
Schadenfreude, fällt der Schwache, so helfe ihm
der Starke freundlich wieder auf. Einer braucht
so viel Geduld wie der Andere.

Gott sucht sich nicht den
vollkommensten Menschen,
um sich mit ihm zu verbinden,
sondern er nimmt
menschliches Wesen an,
wie es ist.

GOTT LIEBT DEN MENSCHEN.

GOTT LIEBT DIE WELT.

NICHT EINEN IDEALEN MENSCHEN,

SONDERN DEN MENSCHEN, WIE ER IST,

NICHT EINE IDEALWELT,

SONDERN DIE WIRKLICHE WELT.

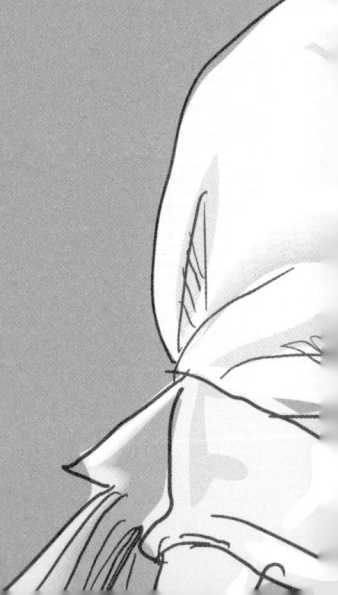

Gott ist Liebe. Das heißt, dass
Anfang und Ende menschlichen Lebens
bei Gott aufgehoben sind.

FRAGEN WIR, WIE WIR EIN

LEBEN MIT GOTT ANFANGEN KÖNNTEN,

SO ANTWORTET DIE BIBEL,

DASS GOTT SCHON LÄNGST DAS LEBEN

MIT UNS ANGEFANGEN HAT.

1

2

3

4

5

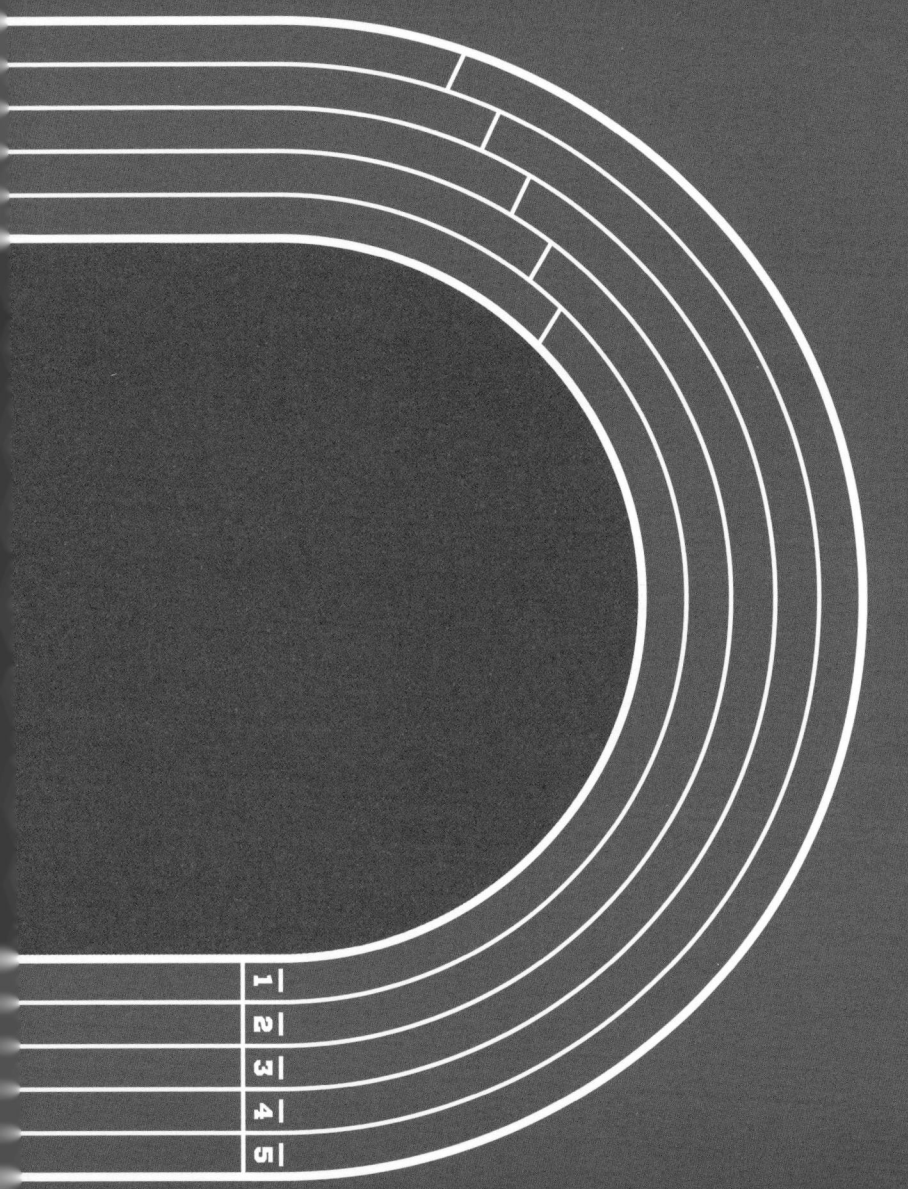

1
2
3
4
5

DER MENSCH SOLL SICH NICHT FÜRCHTEN,
WIR SOLLEN UNS NICHT FÜRCHTEN!
DAS IST DER UNTERSCHIED DES MENSCHEN
VON ALLER KREATUR,
DASS ER IN ALLER AUSWEGLOSIGKEIT,
UNKLARHEIT UND SCHULD UM EINE HOFFNUNG
WEISS UND DIESE HOFFNUNG HEISST:

DEIN WILLE GESCHEHE,
JA, DEIN WILLE GESCHIEHT.

DIE KRAFT DES MENSCHEN IST DAS GEBET.
BETEN IST ATEM HOLEN AUS GOTT.
BETEN HEIßT SICH GOTT ANVERTRAUEN.
DAS GEBET IST DAS HERZ CHRISTLICHEN LEBENS.

Ich glaube, dass Gott aus allem,
auch aus dem Bösesten,
Gutes entstehen lassen kann
und will.

Wenn wir uns in unruhigen Zeiten einmal fragen,
was eigentlich von all der Aufregung, von all dem
Hin und Her der Gedanken und Überlegungen,
von all den Sorgen und Befürchtungen, von allen
Wünschen und Hoffnungen, die wir uns machen,
wirklich zuletzt übrig bleibt – und wenn wir
uns dann die Antwort der Bibel geben lassen wollen,
so wird uns gesagt:

Es bleibt von all dem zuletzt nur eines,
nämlich die Liebe, die wir in unseren Gedanken,
Sorgen, Wünschen und Hoffnungen gehabt haben.
Alles andere hört auf, vergeht, alles, was wir
nicht aus Liebe gedacht und ersehnt haben,
alle Gedanken, alle Erkenntnis,
alles Reden ohne Liebe hört auf – nur die Liebe
höret nimmer auf (1 Korinther 13, 8).

LoVe WiNS

VON GUTEN MÄCHTEN
WUNDERBAR GEBORGEN,
ERWARTEN WIR GETROST,
WAS KOMMEN MAG.
GOTT IST BEI UNS
AM ABEND UND AM MORGEN
UND GANZ GEWISS
AN JEDEM NEUEN TAG.

Die Hoffnung bleibt.